Carr, Aaron
Pterodáctilo
567.918 CAR SPA

RL: 3.2
Points: 0.5
Quiz #: 160799

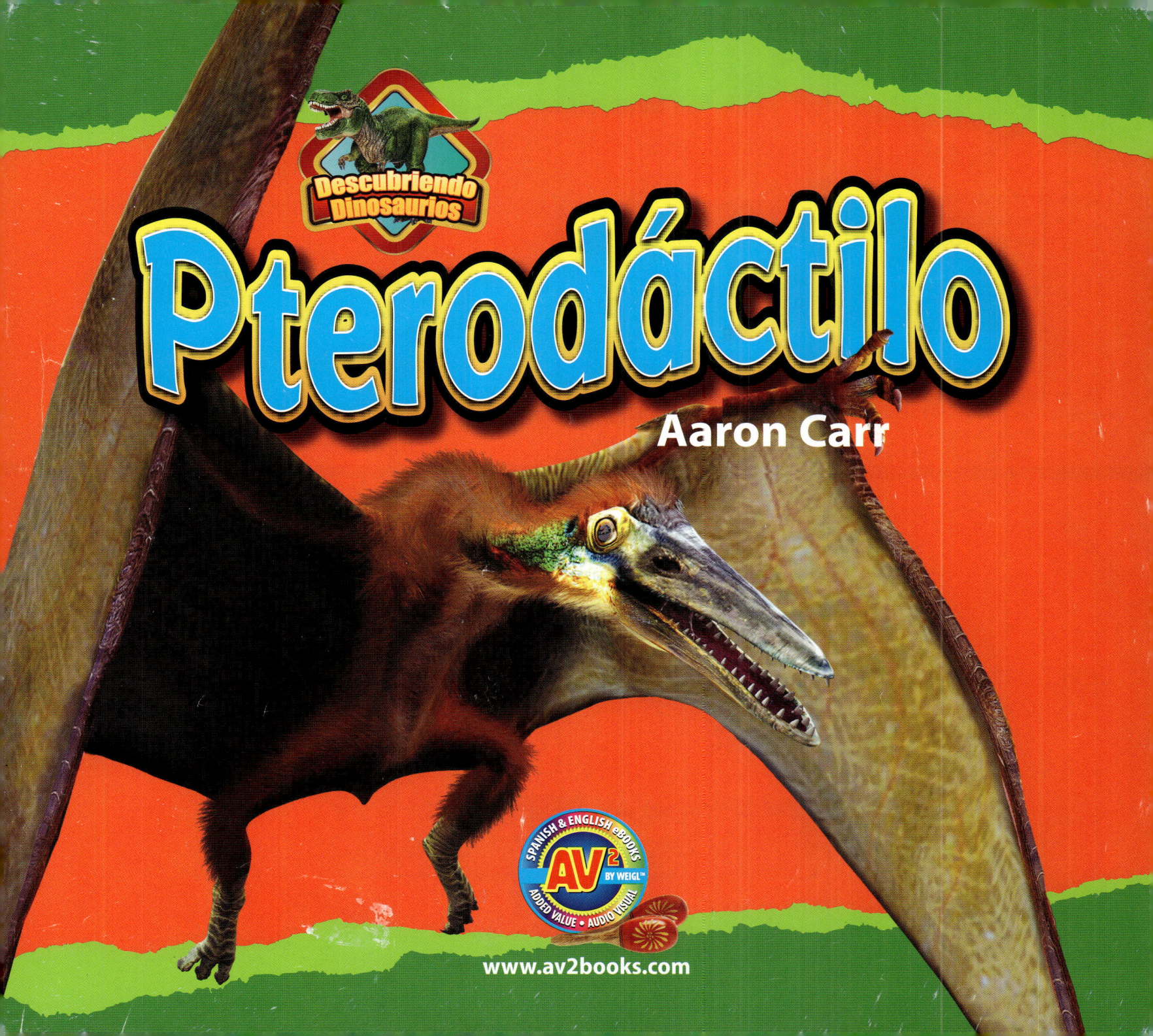

**Visita nuestro sitio www.av2books.com
e ingresa el código único del libro.**
Go to www.av2books.com, and enter this book's unique code.

**CÓDIGO DEL LIBRO
BOOK CODE**

A532397

AV² de Weigl te ofrece enriquecidos libros electrónicos que favorecen el aprendizaje activo.
AV² by Weigl brings you media enhanced books that support active learning.

El enriquecido libro electrónico AV² te ofrece una experiencia bilingüe completa entre el inglés y el español para aprender el vocabulario de los dos idiomas.
This AV² media enhanced book gives you a fully bilingual experience between English and Spanish to learn the vocabulary of both languages.

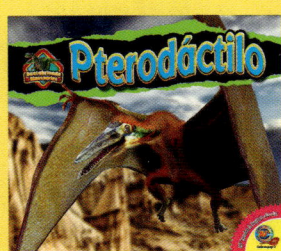
Spanish

English

Navegación bilingüe AV²
AV² Bilingual Navigation

OPCIÓN DE IDIOMA
LANGUAGE TOGGLE

CAMBIAR LA PÁGINA
PAGE TURNING

CERRAR
CLOSE

INICIO
HOME

VISTA PRELIMINAR
PAGE PREVIEW

Copyright ©2015 AV² de Weigl. Library of Congress Cataloging-in-Publication Data se encuentra en la página 24.
Copyright ©2015 AV² by Weigl. Library of Congress Cataloging-in-Publication Data is located on page 24.

Pterodáctilo

En este libro aprenderás

el significado de su nombre

su apariencia

dónde vivía

qué comía

¡Y mucho más!

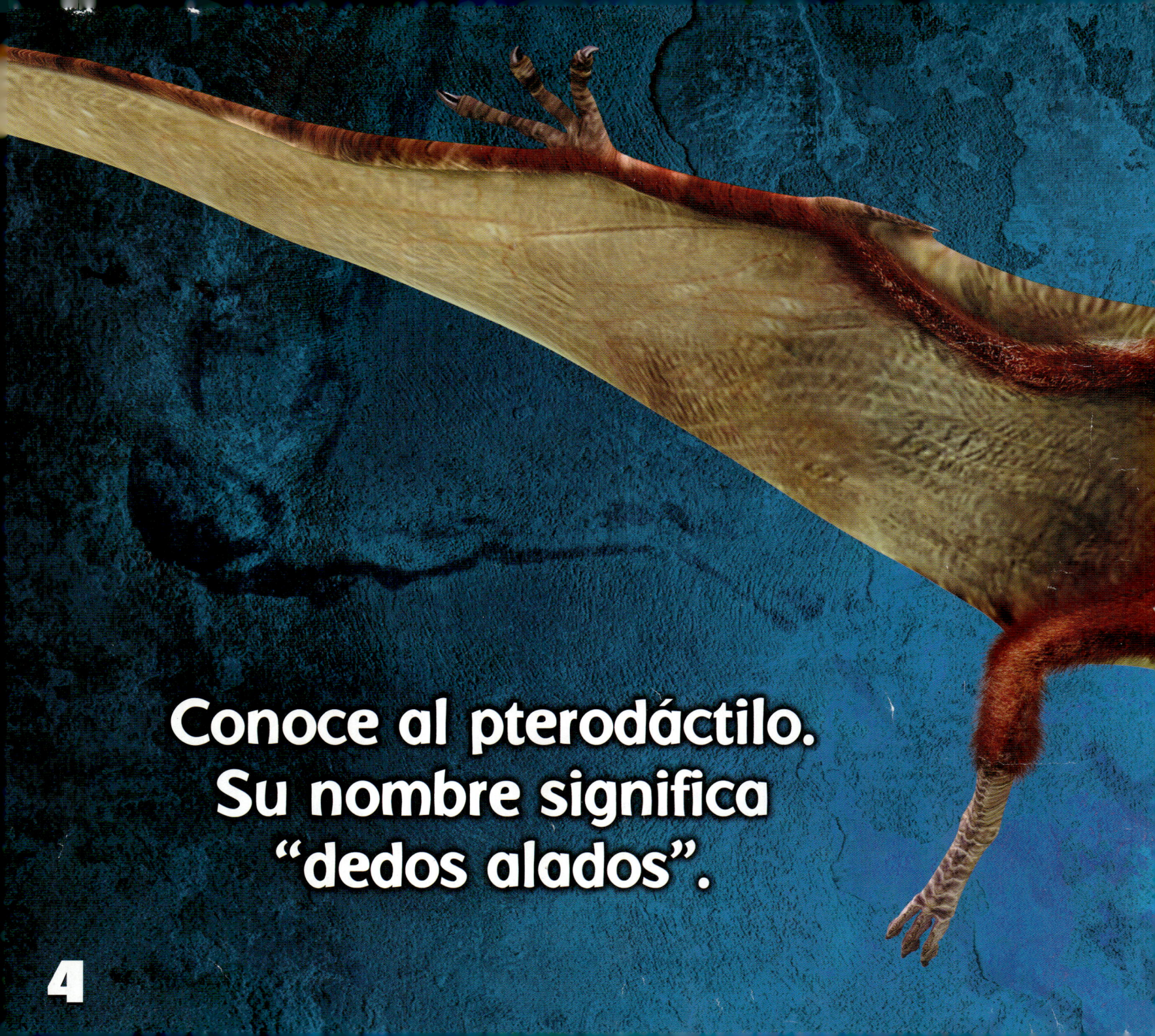

Conoce al pterodáctilo. Su nombre significa "dedos alados".

El pterodáctilo era un reptil volador llamado pterosaurio.

El pterodáctilo tenía alas de hasta 3 pies de ancho. Tenía un dedo largo que utilizaba para mover sus alas.

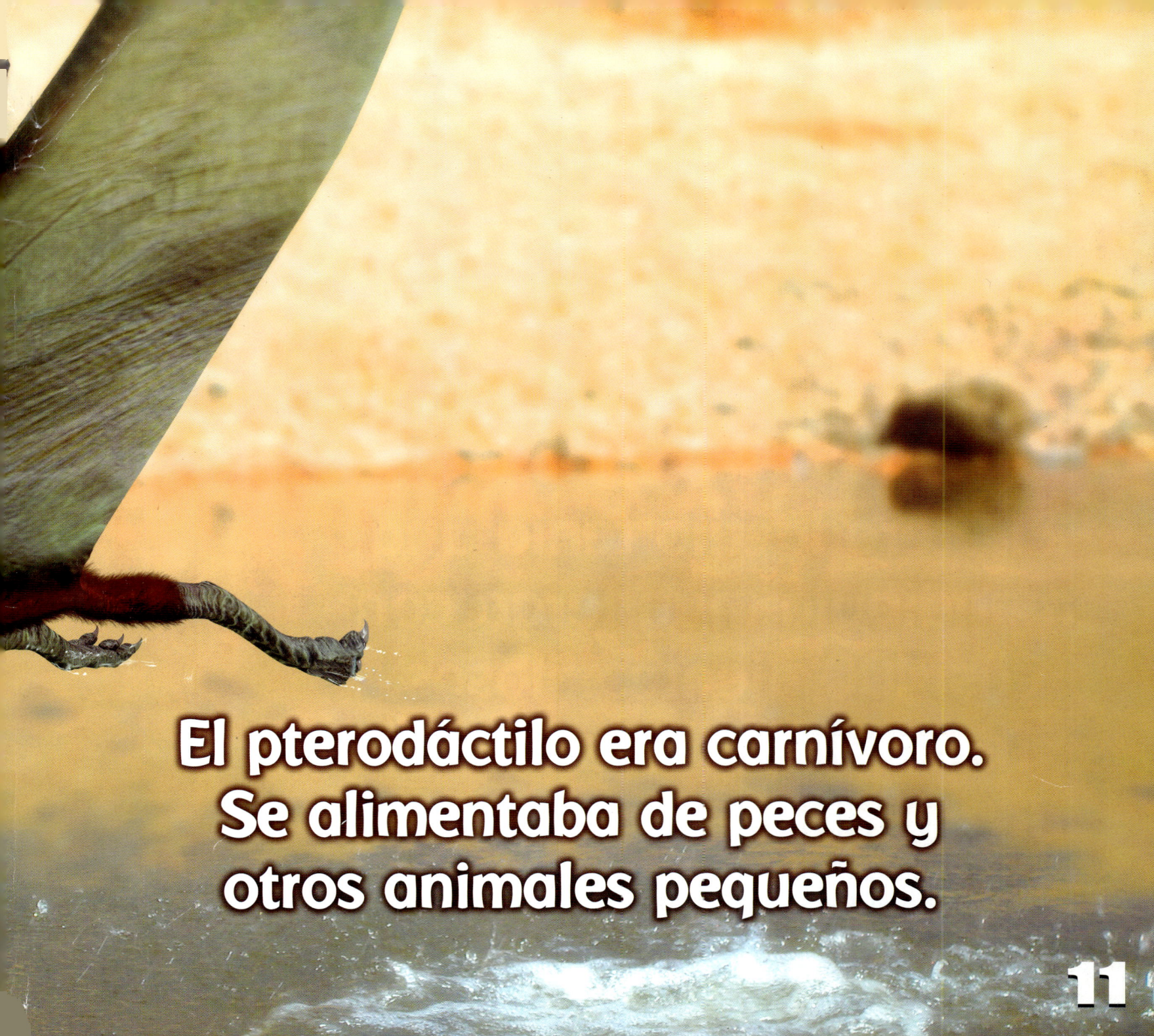
El pterodáctilo era carnívoro. Se alimentaba de peces y otros animales pequeños.

El pterodáctilo tenía una mandíbula muy larga con casi 100 dientes filosos. Tenía un pico en forma de gancho en el extremo de cada mandíbula.

Los pterodáctilos caminaban lentamente cuando estaban sobre el suelo. Caminaban sobre sus manos y patas.

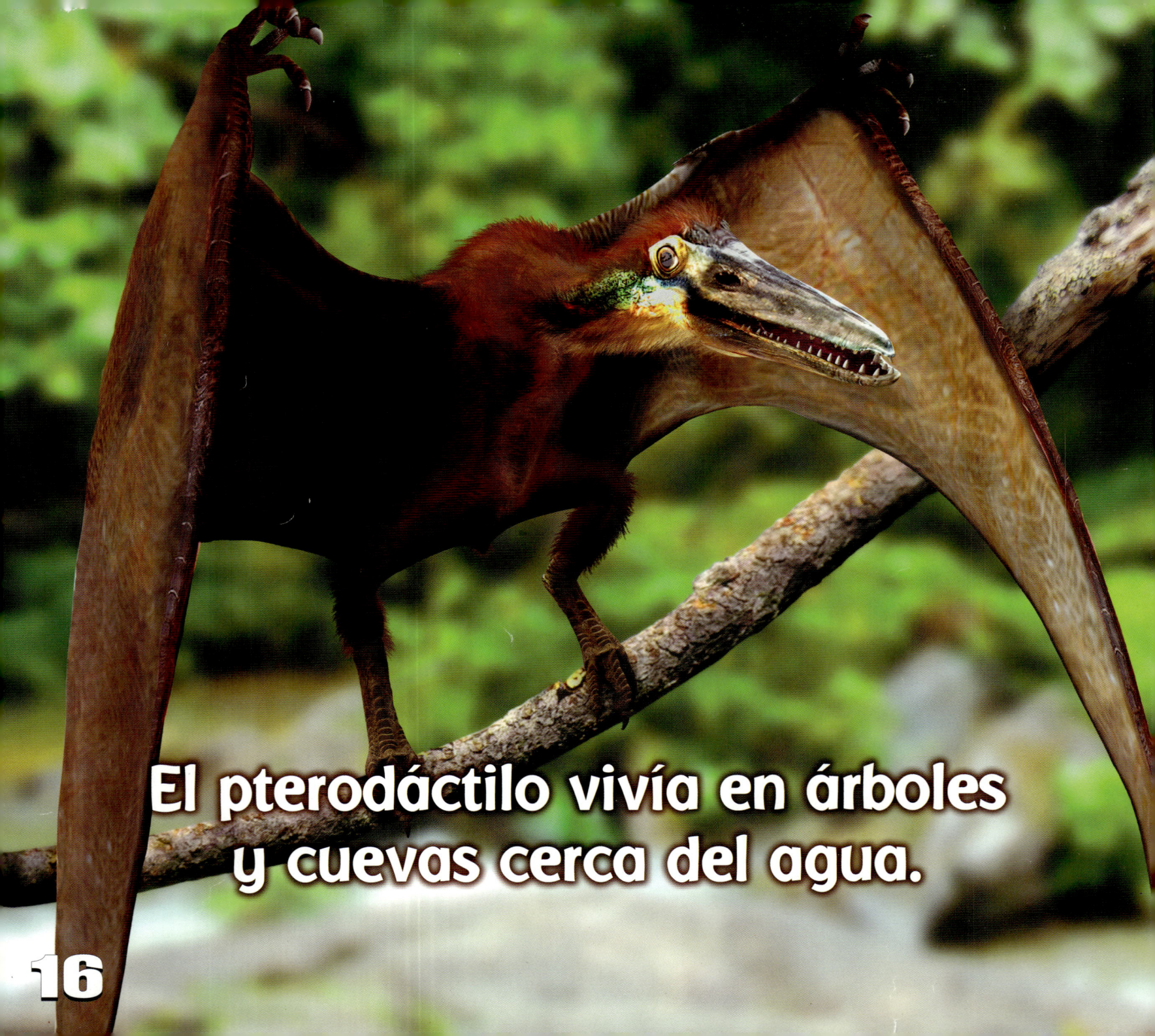
El pterodáctilo vivía en árboles y cuevas cerca del agua.

Se le podía encontrar en partes de Europa y África.

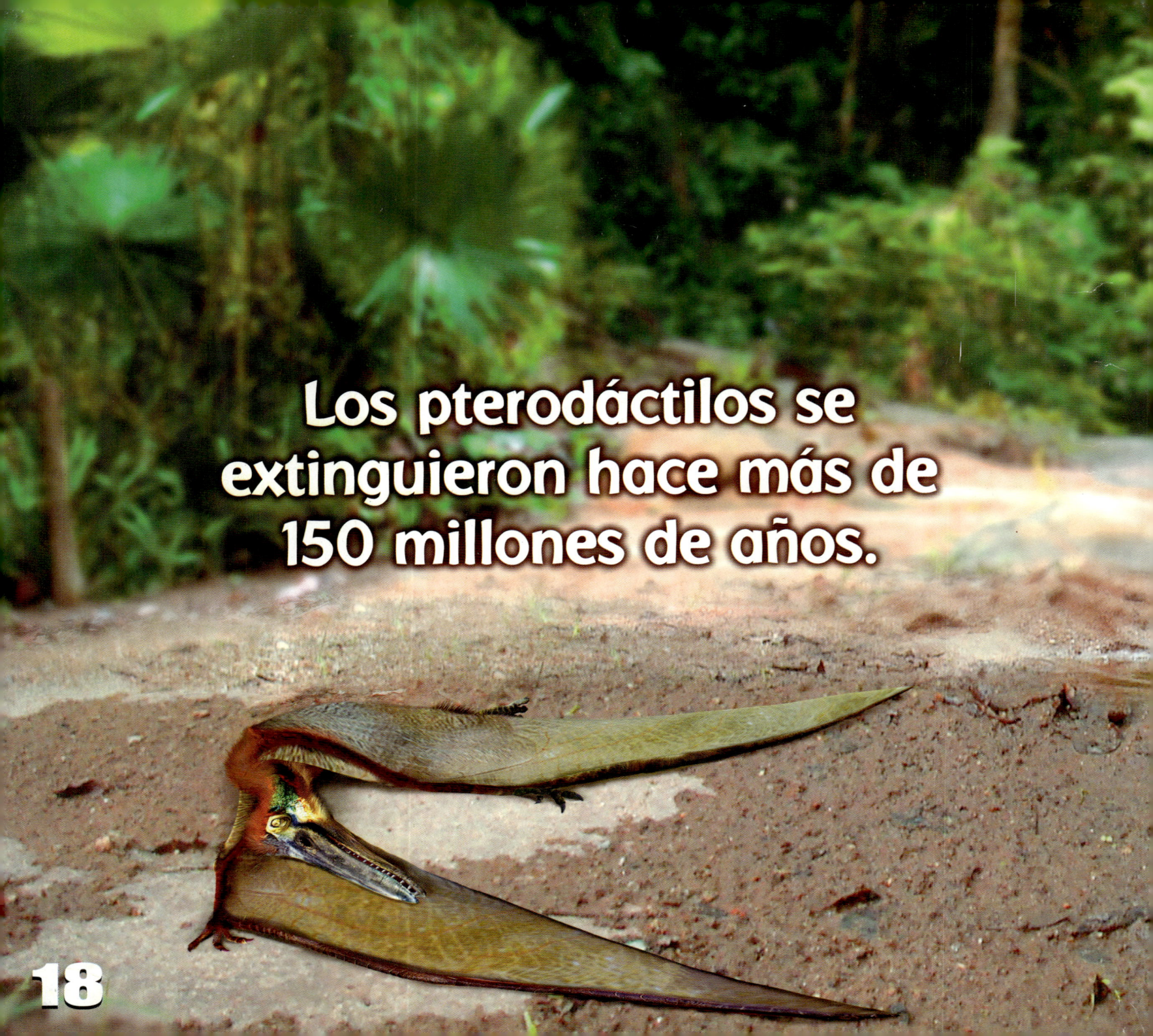
Los pterodáctilos se extinguieron hace más de 150 millones de años.

Las personas los conocen por sus fósiles.

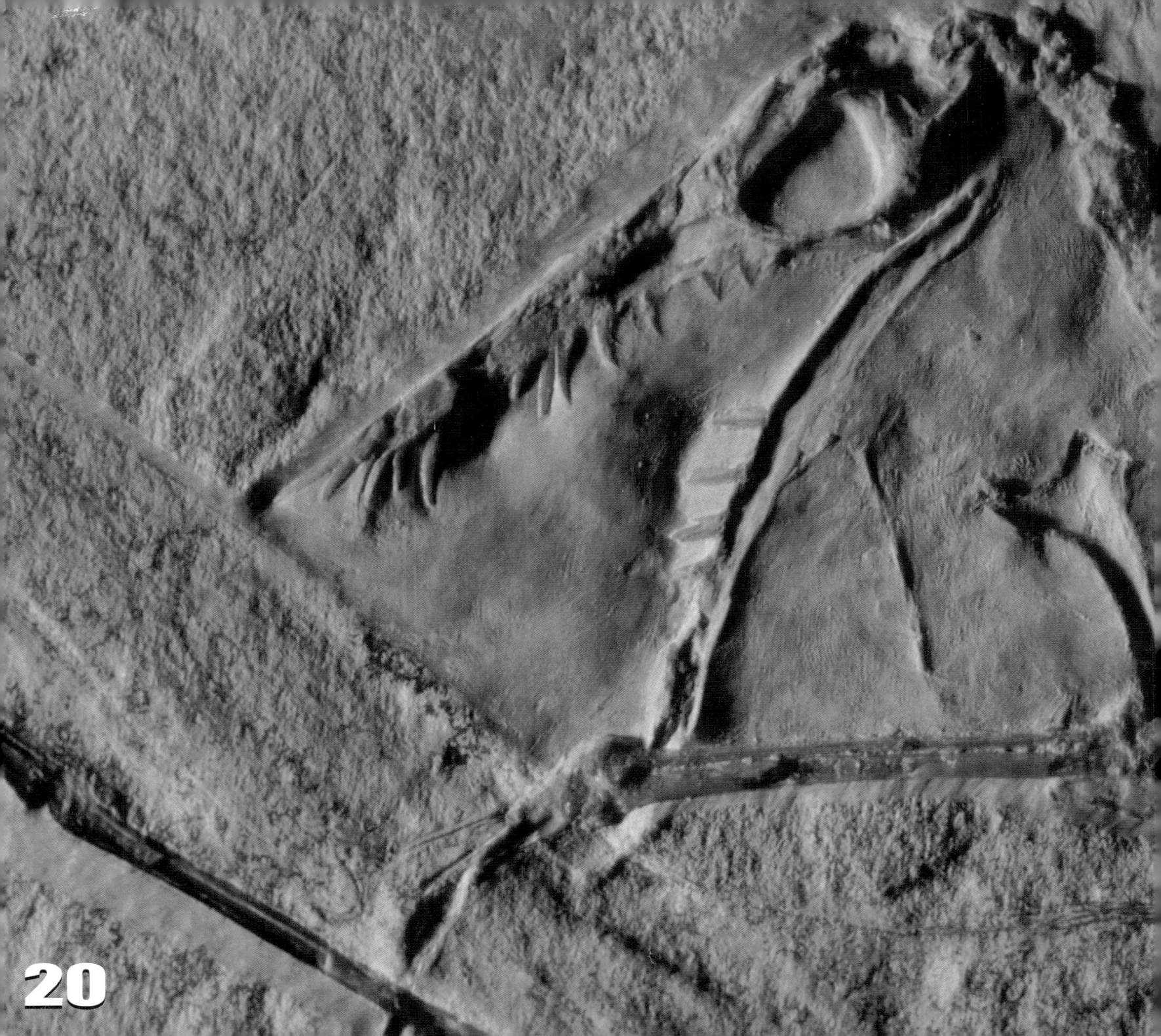

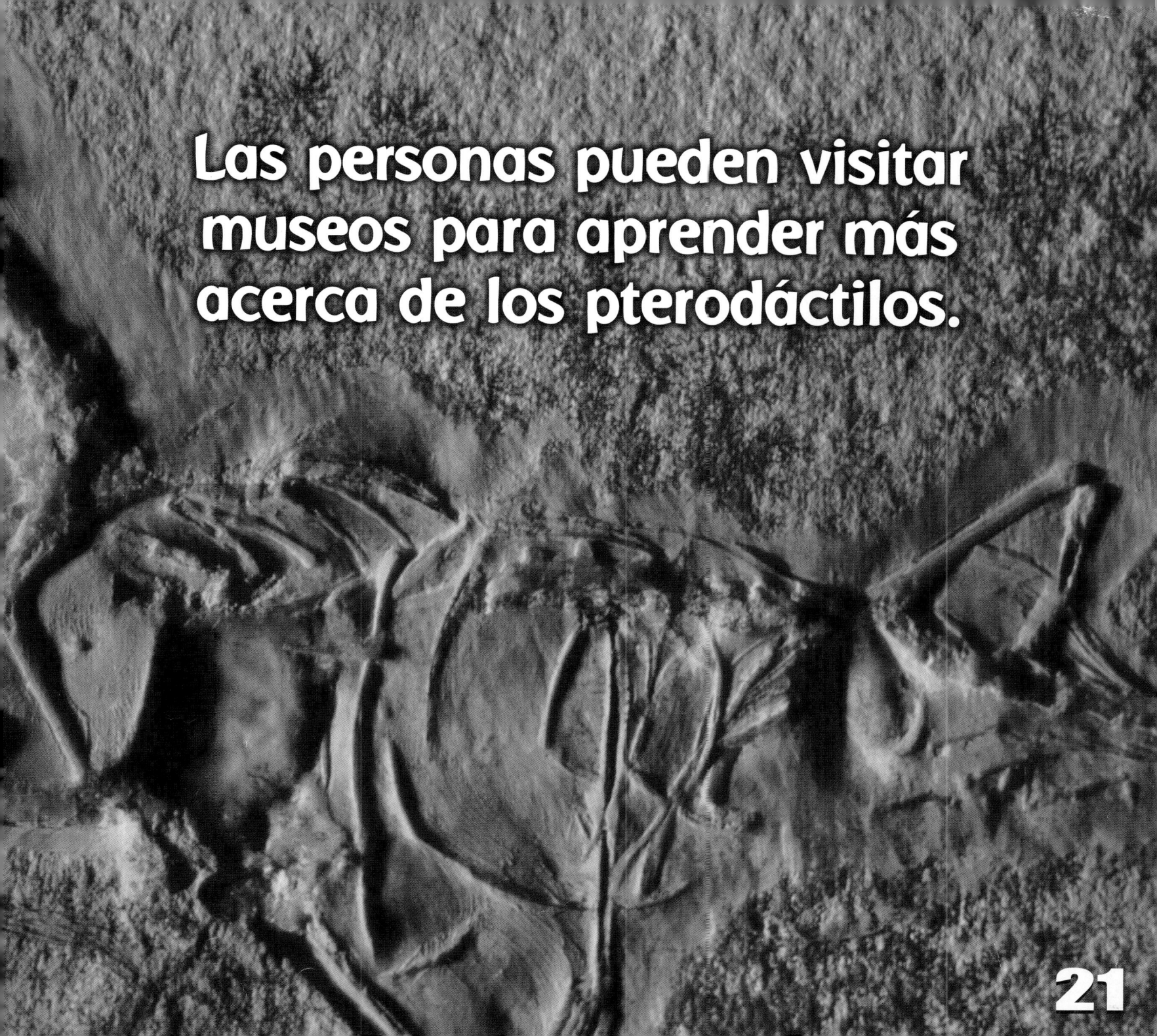

Las personas pueden visitar museos para aprender más acerca de los pterodáctilos.

Datos del pterodáctilo

Estas páginas proveen información detallada que amplía los datos interesantes encontrados en este libro. Están destinadas a ser utilizadas por adultos como apoyo de aprendizaje para ayudar a los pequeños lectores con sus conocimientos de cada dinosaurio o pterosaurio maravilloso presentado en la serie *Descubriendo dinosaurios*.

Páginas 4–5

La palabra pterodáctilo significa "dedo alado". Aunque el nombre pterodáctilo es más conocido, el nombre real de este animal prehistórico es pterodactylus. Los pterodactylus fue nombrado por sus largos dedos anulares que proveían apoyo para la mayor parte de cada ala. Había muchas diferentes especies de pterodactylus. Variaban en tamaño, desde pequeños como un gorrión hasta grandes como albatros, una de las aves más grandes del mundo actual.

Páginas 6–7

El pterodáctilo era un reptil volador. Los dinosaurios eran reptiles prehistóricos que caminaban sobre la tierra, mientras que los pterodactylus eran reptiles prehistóricos que podían volar. Por este motivo, los pterodactylus no son considerados dinosaurios. En su lugar, son parte de un grupo de reptiles voladores denominado pterosaurios. Los Pterosaurios vivían en todas partes del mundo al mismo tiempo que los dinosaurios. Los pterosaurios variaban en tamaño, desde pequeños pterodactylus a enormes quetzalcoatlus que eran tan altos como las jirafas y tenían una envergadura de 40 pies (12 metros).

Páginas 8–9

Los pterodactylus tenían alas de hasta 3 pies (1 metro) de ancho. Los pterodactylus tenían alas largas y delgadas cubiertas de piel. Tenían tres dedos que salían de la parte superior central del ala. El cuarto dedo de cada ala se extendía hasta casi la mitad del largo total del ala. El ala estaba formada por piel y músculos que se extendían desde el brazo y el dedo largo hasta las patas traseras.

Páginas 10–11

Los pterodactylus eran carnívoros, comían carne. Los pterodactylus eran carnívoros que se alimentaban principalmente de peces y animales pequeños. Se cree que los pterodactylus volaban sobre cuerpos de agua y bajaban para atrapar a los peces que nadaban cerca de la superficie. Los científicos creen que la dieta de los pterodactylus debe haber incluido cangrejos, moluscos e insectos.

Páginas 12–13

Los pterodactylus tenían una mandíbula muy grande con casi 100 dientes filosos. La mandíbula estrecha de los pterodactylus comprendía aproximadamente tres cuartos del largo total de su cráneo. A diferencia de otros pterosaurios, que tenían las mandíbulas curvadas hacia arriba, los pterodactylus tenían una mandíbula recta. De pequeño, sus dientes eran anchos y en forma de conos. A medida que crecía, sus dientes se volvían más angostos y numerosos.

Páginas 14–15

Los pterodactylus caminaban lentamente sobre sus alas y sus patas. Los pterodactylus caminaban en cuatro patas, usando tanto sus patas traseras como sus garras de anteras. El resto de sus alas se doblaba y se elevaba mientras los pterodactylus caminaban. Esto es muy similar a la manera en la que caminan los murciélagos de la actualidad. Los científicos no creen que los pterodactylus volaran demasiado rápido, pero piensan que eran capaces de volar grandes distancias.

Páginas 16–17

Los pterodactylus vivían en Europa y África. Se cree que los pterodactylus vivían principalmente en lo que ahora es Alemania. Los científicos creen que los pterodactylus vivían en árboles y cuevas cerca de grandes cuerpos de agua para permanecer cerca de su principal fuente de comida. Vivir en cuevas y árboles también les hubiera servido para protegerse de dinosaurios predadores.

Páginas 18–19

Los pterodactylus vivieron aproximadamente 150 millones de años atrás durante el período Jurásico Tardío. Todo lo que las personas conocen acerca de los pterodactylus surgió del estudio de los fósiles. Los fósiles se forman cuando un animal muere y se cubre con arena, barro o agua. Esto evita que las partes duras del cuerpo, como los huesos, dientes y garras, se descompongan. El cuerpo queda prensado entre capas de barro y arena. Después millones de años, las capas se convierten en rocas, y los huesos y dientes de los animales también lo hacen. Esto conserva el tamaño y la forma de los animales.

Páginas 20–21

Las personas pueden ir a los museos para ver fósiles y aprender más acerca de los pterodactylus. Cada año, personas de todo el mundo visitan museos para ver los fósiles de pterodactylus. Se han encontrado más de 20 fósiles de pterodactylus y la mayoría de ellos son esqueletos completos. Estos fósiles suelen ser parte de exhibiciones permanentes en museos grandes. A veces, son trasladados a museos pequeños para exhibiciones cortas. El museo American Museum of Natural History de Nueva York tiene varios fósiles de pterosaurios en exhibición, incluyendo pterodactylus.

¡Visita www.av2books.com para disfrutar de tu libro interactivo de inglés y español!
Check out www.av2books.com for your interactive English and Spanish ebook!

1 Entra en www.av2books.com
Go to www.av2books.com

2 Ingresa tu código
Enter book code

3 ¡Alimenta tu imaginación en línea!
Fuel your imagination online!

www.av2books.com

Published by AV² by Weigl
350 5th Avenue, 59th Floor New York, NY 10118
Website: www.av2books.com   www.weigl.com

Copyright ©2015 AV² by Weigl
All rights reserved. No part of this publication may be reproduced, stored in a retrieval system, or transmitted in any form or by any means, electronic, mechanical, photocopying, recording, or otherwise, without the prior written permission of Weigl Publishers Inc.

Library of Congress Control Number: 2014932808

ISBN 978-1-4896-2063-7 (hardcover)
ISBN 978-1-4896-2064-4 (single-user eBook)
ISBN 978-1-4896-2065-1 (multi-user eBook)

Printed in the United States of America in North Mankato, Minnesota
1 2 3 4 5 6 7 8 9 0 18 17 16 15 14

032014
WEP280314

Project Coordinator: Jared Siemens
Spanish Editor: Translation Cloud LLC
Art Director: Terry Paulhus

Every reasonable effort has been made to trace ownership and to obtain permission to reprint copyright material. The publishers would be pleased to have any errors or omissions brought to their attention so that they may be corrected in subsequent printings.

All illustrations by Jon Hughes, pixel-shack.com; Getty Images: 19 inset; Alamy: 20.